ERDE · WASSER
FEUER · LUFT

GABRIELE BEYERLEIN ERZÄHLT VON DEN KELTENFÜRSTEN

Bilder von
Tilman Michalski

Verlag Friedrich Oetinger · Hamburg

Gabriele Beyerlein, 1949 in Roding/Oberpfalz geboren. Promovierte in Psychologie und war als wissenschaftliche Angestellte in sozialwissenschaftlichen Forschungsprojekten sowie freiberuflich als Dozentin in der Erwachsenenbildung tätig, bevor sie sich als Autorin vor- und frühgeschichtlicher Erzählungen für Kinder und Jugendliche einen Namen gemacht hat.
In der Oetinger Kindersachbuch-Reihe ERDE · WASSER · FEUER · LUFT erschienen von ihr bisher die Bände »Gabriele Beyerlein erzählt von den Steinzeitjägern«, »Gabriele Beyerlein erzählt vom Mittelalter« und »Gabriele Beyerlein erzählt vom Gletschermann«.

Dr. Ludwig Pauli (†) hat mir wesentliche Anregungen zu diesem Buch gegeben.
Ihm widme ich es in Dankbarkeit.
Dr. Jutta Pauli danke ich herzlich für ihre freundliche Beratung.

Einbandgestaltung: Manfred Limmroth
Titelbild und Illustrationen: Tilman Michalski
Satz: Lichtsatz Wandsbek, Hamburg
Lithos: Die Litho, Hamburg
Druck und Bindung: Mohndruck Graphische Betriebe GmbH, Gütersloh
Printed in Germany 1995

ISBN 3-7891-7518-8

1.

Die Sonne glitzerte auf dem Fluß. Gleichmäßig tauchten Ilos Vater und der fremde Händler die Paddel ins Wasser. Der große, flache Kahn glitt flußabwärts, getragen von der Strömung des Danuvius.
Ilo stand vorn im Boot, einen Fuß weit vor dem anderen, die lange Stange in der Hand. Wachsam sah er ins Wasser. Sie näherten sich einer kleinen Kiesinsel. Wenn er nicht aufpaßte, konnte der Kahn dagegenfahren. Ilo stieß mit der Stange in den Kies, drückte den Kahn von den Steinen weg. Er mußte einen Schritt vorwärts machen, um nicht das Gleichgewicht zu verlieren. Das Boot glitt an der Insel vorbei.
Ilo suchte wieder festen Stand. Das hatte er gut gemacht. Er zog die Stange ein und schaute über den Fluß und das weite Tal. Alles war ihm vertraut: die kleinen Inseln, die Seitenarme und Altwässer, das Schilf, die Weiden und Erlen, die Sümpfe und Tümpel. Er war seine Heimat, der Fluß. Seit Jahren schon, seit

dem Tod seiner Mutter, fuhr Ilo gemeinsam mit seinem Vater Händler den Fluß hinab und wieder herauf. Diesmal würde ihre Reise nicht so weit gehen wie sonst. Krieg sollte in der Ferne herrschen. Ein fremdes Reitervolk, hieß es, zog den Fluß herauf...
Schilf löste den Auwald am Ufer ab, gab den Blick frei. Ilo blinzelte. Dort vorn am Hang des Höhenzuges blitzte etwas auf. Was mochte das sein? Spiegelte sich vielleicht die Sonne auf Schmuck oder Waffen?
Plötzlich gab es einen unsanften Ruck. Ilo schwankte, stolperte, fing sich im letzten Moment. Erschrocken sah er ins Wasser. Sie waren gegen einen treibenden Baumstamm gestoßen.
„Paß doch auf!" schimpfte der Händler. „Ich bezahle dafür, daß ich mit eurem Boot sicher den Danuvius hinabfahren kann! Willst du meine Waren versenken?"
„Es wird nicht wieder vorkommen", sagte der Vater ruhig. „Nicht wahr, Ilo?"
Ilos Ohren wurden heiß. „Nein", murmelte er. Von jetzt an wandte er die Augen nicht mehr von der Wasseroberfläche. Sicher steuerte er den Kahn um jedes Hindernis.
Schweigend fuhren sie weiter. Der Fluß wand sich in weiten Schleifen dahin. Endlich sah Ilo einen Landesteg.

„Hier müssen wir halten“, erklärte der Vater. „Ich muß einen Auftrag von Heuno erfüllen. Ich soll im nächsten Dorf ausrichten, daß die Bauern als Abgaben in Heunos Burg Honig und Wachs abzuliefern haben!“

Sie legten an. Ilo stieg mit seinem Vater aus. Der Händler blieb beim Kahn zurück. Vor seinem Vater her ging Ilo auf dem Bohlenweg durch den Auwald. Leise hörte er ein Pferd wiehern. Er blieb stehen. Und dann hörte er noch etwas. Einen seltsam unterdrückten Ruf, Stampfen, Knacken von Zweigen, Schnauben, leises Klirren.

„Vater", sagte er unsicher, „da vor uns, da ist irgendwas, ich weiß nicht, was!"

„Geh weiter, dann wirst du es gleich wissen!"

Der Weg stieg bergan. Sie ließen die feuchte Flußniederung hinter sich, betraten trockenen Waldboden. Dichtes Unterholz nahm Ilo die Sicht. Aber er wußte: Bald würden sie die Lichtung erreichen, auf der das kleine Dorf lag. Er bog um eine Hecke und schrie auf.

Plötzlich ging alles ganz schnell. Reiter, wo er hinsah, Reiter. Braungebrannte Männer auf wendigen Pferden, Männer mit dunklen Haaren und fremden Gesichtern, mit Lederpanzern und blitzendem Goldschmuck, mit Streitaxt, Speer und kurzem Bogen, den Köcher voller Pfeile.

Der Vater preßte von hinten seine Hand auf Ilos Mund, riß ihn zurück, stieß ihn hinter der Hecke zu Boden,

warf sich selber schützend über ihn. Ein Pfeil schwirrte ins Gebüsch. Ilo rang nach Luft.
„Die fremden Reiter! Hier! Ich hätte nie gedacht... Einer hat mich gesehen“, stieß der Vater hervor. „Wenn er herkommt, laufe ich nach rechts hinüber, so daß er mich verfolgt. Du versteckst dich und schleichst nach links! Dann lauf zur Burg, zu Heuno! So schnell du kannst! Nicht zum Kahn, hörst du! Sag Heuno...“
Der Vater brach ab, spähte durch die Hecke. Ilo tat es ihm gleich, sah, was der Vater sah, den fremden Krieger, der vom Pferd gesprungen war und lauernd auf sie zukam, den Pfeil auf der Bogensehne
„Leb wohl, mein Junge“, sagte der Vater leise und spannte sich.
„Nein“, flüsterte Ilo und griff nach der Hand des Vaters. Doch dieser schüttelte ihn ab. Schnellte in die Höhe. Sprang aus der Hecke. Hetzte zwischen den Bäumen nach rechts. Der Krieger schoß, verfehlte ihn, setzte hinter ihm her. Weg von Ilo.
Ilo biß sich die Lippe blutig. Er merkte es nicht. Er konnte den Vater nicht mehr sehen. Einen Augenblick wartete er noch. Dann kroch er vorsichtig nach links.

2.

Ilo preßte die Hand in die Seite, krümmte sich zusammen, rang nach Atem. Lauf, so schnell du kannst! Er war gelaufen, den ganzen Nachmittag, immer nach Süden, auf dem Höhenpfad im Wald längs des Flusses. Jetzt konnte er nicht mehr. Er taumelte voran, hinaus aus dem Wald, blieb stehen.
Wiesen und Felder, das große Dorf, wieder Felder, dahinter Heunos Burg. Auf dem Bergsporn lag sie, hoch über dem sumpfigen Tal des Danuvius, durch einen mächtigen, tiefen Graben vom Bergrücken getrennt.
Wenn die fremden Reiter die Burg angreifen würden? Die steile Böschung des Grabens konnten sie mit ihren Pferden bestimmt nicht hinunter- und hinaufreiten! Und den steilen Hang vom Tal herauf auch nicht! Und dann war da ja noch die Mauer. Eine solche Mauer gebe es im ganzen Land nicht noch einmal, hatte der Vater gesagt: aus unzähligen Lehmziegeln auf einem steinernen Sockel erbaut. Hoch und stark war diese

Mauer, und zur Landseite reihte sich Wehrturm an Wehrturm. Das würde die Feinde doch abschrecken, oder?
Die Feinde. Ilo zitterte. War der Vater ihnen entkommen?
Nein, nicht darüber nachdenken, nicht!
Mühsam schleppte er sich weiter, vorbei an reifenden Weizen-, Hirse- und Gerstenfeldern, erreichte das Dorf, ging hindurch.
Die Holzzäune um die Häuser würden die Feinde nicht

abhalten können, nicht einmal die hohen Palisaden um die größten Gehöfte. Und die Häuser: aus Holz gebaut, mit Schilf gedeckt – wie das brennen konnte! Doch wenigstens die Menschen könnten sich in die Burg retten, mit ihrer wertvollsten Habe und ihrem Vieh. Er mußte sie warnen. Aber würden sie auf einen Jungen wie ihn hören?
Der Vater hatte gewollt, daß er es Heuno sagte. Heuno, dem Herrn der Burg, dem reichsten und mächtigsten Herrn weit und breit.

Kein Händler, der auf dem Landweg von Westen kam, konnte seine Waren auf einen Kahn verladen und flußabwärts reisen, ohne Heuno Zoll zu zahlen. Ebensowenig kam keiner, der flußaufwärts schiffte, um den Zoll herum. Auch der Vater mußte wie jeder Schiffer Heuno von seinem Verdienst abgeben. Und jeder Bauer in der Gegend mußte ihm Abgaben leisten und für ihn arbeiten, wenn er es verlangte. Heuno entging nichts. Mit Hilfe seiner vielen Gefolgsleute übte Heuno eine unerbittlich strenge Herrschaft.
Mit Heuno zu reden, würde er, Ilo, sich nie trauen. Aber er mußte doch tun, was der Vater gewollt hatte! Wenigstens das mußte er für seinen Vater tun, wenn der schon...
Er riß seine Gedanken zurück.
Ilo ließ das Dorf hinter sich, dann die Felder, überquerte den Burggraben, quälte sich bergan. Völlig erschöpft erreichte er das Burgtor. Rechts ein Turm, links ein Turm, in der Mitte das Tor. Der Wächter kannte ihn und ließ ihn ein.
Oft schon war er mit seinem Vater in dieser Burg gewesen. Aber noch nie hatte er Heunos Hof betreten. Ilo sah sich um. Viele Menschen wohnten und arbeiteten hier. In engen Gassen standen dicht an dicht

die Häuser in Reih und Glied. Langsam ging Ilo durch eine Gasse, erreichte den großen freien Platz, überquerte ihn.
Jeder Schritt forderte neue Kraft. Dann stand er vor dem Tor zu Heunos Hof. Ein Mann bewachte das Tor, mit einer großen Lanze bewaffnet.
Ilo holte tief Luft. Dann sprach er den Mann an: „Mein Vater schickt mich. Ich soll Heuno sagen..."
„Dein Vater soll selber kommen, wenn er unserem Herrn etwas zu sagen hat!" unterbrach der Mann ihn barsch. „Heuno hat anderes zu tun, als Kinder anzuhören!"
„Aber ich muß doch..."
„Verschwinde!" Der Mann hob drohend die Hand. Da drehte sich Ilo um und ging. Er hatte es ja gewußt. Heuno redete nicht mit ihm. Fast war Ilo erleichtert. Dort drüben war das Viertel der Schmiede. Einer der Schmiede war ein Freund seines Vaters. Auf einmal fiel das Laufen wieder leichter. Durch eine enge Gasse, vorbei an Häusern, Schmelzöfen, offenen Schmiedewerkstätten. Dann war er angekommen.
Der Schmied stand an der Feuerstelle und hielt an einer langen Zange die beinahe fertige Schneide einer Sichel über die Glut. Der Gehilfe trat den Blasebalg. Rot

leuchtete die Glut auf, rot leuchtete das Eisen, doch dann glühte es immer heller, wurde fast weiß. Ruhig und doch schnell drehte sich der Schmied zum Amboß, der in einen starken Holzklotz eingelassen war. Legte das Eisen auf den Amboß, hielt es mit der Zange, ließ den Hammer niedersausen, immer wieder, gleichmäßig, rasch und scheinbar mühelos. Hoch und hell klang der Schmiedehammer. Dann tauchte der Schmied die Sichel in ein Wasserbecken. Es zischte, Dampf stieg auf. Der Schmied hielt die Sichel prüfend in die Höhe. „Fertig!“ sagte er zufrieden und nickte Ilo

zu: „Na, du! Noch immer im Land? Ich dachte, ihr wolltet heute wieder los!"
„Ja, das sind wir auch. Aber dann, am Fluß, mein Vater..."
Plötzlich begann Ilo zu weinen. Er wollte es nicht, er versuchte die Tränen zurückzudrängen, aber er schluchzte und schluchzte.
„Na, na", murmelte der Schmied und legte Ilo die Hand auf die Schulter. „Ist ja gut, mein Junge! Was ist denn passiert?"
Da erzählte Ilo ihm alles. „Und dann, dann ist mein

Vater aus dem Gebüsch gelaufen", schloß er seinen Bericht, „und der fremde Krieger hinter ihm her, und mein Vater hat es doch nur für mich gemacht, damit ich nicht entdeckt werde, und jetzt weiß ich nicht", er brach ab, flüsterte nur noch: „Jetzt weiß ich nicht, ob er noch lebt. Und wenn er tot ist, dann ist es meine Schuld."

„Unsinn!" sagte der Schmied fest. „So etwas darfst du nicht denken! Er hat sein Leben für dich eingesetzt, weil er dich liebt. Dein Vater wußte, was er tat. Und du mußt daran glauben, daß er es geschafft hat. Ich bin sicher, daß er diesen fremden Reitern entkommen konnte. Schließlich kennt er die Auwälder besser als die! Du wartest hier auf deinen Vater! Bestimmt kommt er in die Burg zurück. Vielleicht schon heute, spätestens morgen! Hörst du?"

Ilo nickte. Heute, spätestens morgen. Das war gut.

Der Schmied schwieg, kratzte sich am Kopf. Dann murmelte er: „Daß diese Fremden bis in unser Land kommen! Es hieß, sie wären zehn Tagesritte entfernt! Und plötzlich sind sie hier, schon so nah..." Laut fuhr er fort: „Wir müssen es Heuno berichten, sofort! Komm mit, Ilo, ich sorge dafür, daß Heuno dich anhört!"

3.

„Und mehr hast du über die fremden Reiter nicht zu sagen?“ fragte Heuno scharf.
„Nein, Herr!“ Ilo schaute auf seine Füße. Fragen über Fragen hatte Heuno ihm gestellt. Wenn er nur endlich wieder gehen dürfte!
„Laß den Jungen, Heuno“, sagte Boniata, Heunos Frau. „Er hat dir längst berichtet, was er weiß! Ilo, setz dich dort zu Ataro auf die Bank und iß!“
„Danke, Herrin“, sagte Ilo leise und ließ sich neben dem kleinen Sohn von Boniata und Heuno nieder. Eine Magd drückte ihm eine Schale Brei in die Hand. Er konnte nicht essen.
„Heuno, ich möchte Ataro wegschicken!“ erklärte Boniata. „Wir müssen wohl damit rechnen, daß diese fremden Reiter uns angreifen. Dann soll Ataro nicht hier sein! Bei meinem Bruder Orgetorix ist er vorerst in Sicherheit. Nächstes Jahr hätten wir Ataro sowieso zur Erziehung dorthin geschickt. Warum also nicht gleich?“

Heuno strich seinen Bart, nickte: „Ja. Du hast recht. Willst du selbst ihn hinbringen und bei deinem Bruder bleiben, bis alles vorüber ist?"
„Nein! Wie kannst du das fragen!" erwiderte Boniata heftig. „Mein Platz ist hier!"
„Das wollte ich hören! Morgen früh reist Ataro ab. Allerdings – ich kann ihm keine ausreichende bewaffnete Begleitung mitgeben. Ich brauche jeden Mann, der mit Waffen umgehen kann, in der Burg. Und was würden ein paar Männer schon nützen! Sie würden nur die Aufmerksamkeit auf ihn lenken und damit erst Gefahr für ihn heraufbeschwören."
Schweigen.
Ilo kroch ein Schaudern den Rücken hinauf. Boniata und Heuno wollten ihren Sohn wegschicken. Also rechneten sie mit einem Angriff. Mehr noch: Sie hielten ihn für gefährlich.
„Ilo, komm her!" befahl Heuno.
Ilo zuckte zusammen, stand auf.
„Du kennst dich auf den Landwegen aus?" fragte Heuno.
„Ja, Herr. Im Winter arbeitet mein Vater oft als Lastenträger. Dann gehe ich mit ihm."
„Weißt du den Weg zur Burg von Orgetorix?"

Ilo nickte. „Ja, Herr. Auf dem Handelsweg nach Westen, bis..."
„Der Handelsweg kommt nicht in Frage! Die Feinde könnten ihn benutzen! Kennst du den Pfad, der durch die Wälder nach Nordwesten führt, genau zur Burg von Orgetorix?"
„Ja, Herr!"
„Gut! Du wirst morgen bei Sonnenaufgang mit Ataro und seiner Kinderfrau aufbrechen und sie zur Burg von Orgetorix führen! Boniata, wir kleiden Ataro wie einen Bauernjungen. Das ist die sicherste Art, ihn zu seinem Onkel zu bringen. Eine einfache Frau mit zwei Kindern erregt kein Aufsehen. Ilo, du richtest Orgetorix aus, daß ich ihn darum bitte, Ataro und die Kinderfrau bei sich aufzunehmen! Ach ja, und dich auch!"
Ilo starrte Heuno an. „Aber das", stotterte er, „das geht doch nicht. Ich, ich muß doch hier auf meinen Vater..."
Er verstummte, zum Schweigen gebracht durch den Blick, mit dem Heuno ihn maß.
„Du tust, was ich dir befehle", sagte Heuno knapp, ließ Ilo einfach stehen und wandte sich zu seinem kleinen Sohn. „Ataro, Ilo bringt dich zu deinem Onkel. Orgetorix wird dich so erziehen, daß ein anständiger Mann aus dir wird! Dein Onkel ist der stärkste Mann,

den ich kenne. Ich rate dir gut, sei ihm gehorsam!"
Ataro begann zu weinen und hängte sich an den Rock seiner Mutter. „Ich will nicht", schluchzte er. „Mutter, ich will bei dir bleiben!"
Boniata streichelte sein Gesicht, drückte seinen Kopf an sich. „Ich weiß. Aber es ist besser so!"
Der Kleine weinte noch lauter.
„Hör auf zu heulen!" fuhr Heuno ihn an. „Mein Sohn hat nicht zu heulen! Diese Heulerei wird das erste sein, was Orgetorix dir austreibt!"

4.

„Jetzt ist es nicht mehr weit, Ataro", sagte Ilo. „Heute nacht schläfst du endlich wieder in einem Bett! Dort vorn ist schon der Fluß. Wenn wir jemanden finden, der uns übersetzt, sind wir bald in der Burg von Orgetorix! Sobald wir aus dem Wald draußen sind, wirst du sie sehen."

Ataro blieb stehen. „Ich will nicht zu meinem Onkel", sagte er leise. Seine Unterlippe zitterte.

„Ach, das arme Würmchen!" brach die Kinderfrau in Klagen aus. „So jung, noch nicht einmal sechs Sommer alt! Und schon von zu Hause weg! Wer weiß, ob er seine Eltern je wiedersieht! Und zu einem Onkel, den er gar nicht kennt! Und was für einer der sein soll! Ein so mächtiger Herr und ein wahrer Riese, stärker als zwei Männer zusammen! Wie soll man sich da nicht fürchten!"

Ataros Finger verkrampften sich in Ilos Hand.

Wenn diese Kinderfrau nur den Mund halten würde! dachte Ilo. Die macht alles nur noch schlimmer.

„Komm, Ataro!“ versuchte er den Kleinen aufzumuntern. „Wir sind schon sieben Tage unterwegs. Du bist müde. Über die Burg deines Onkels wirst du staunen, sie ist riesengroß, noch größer als die deines Vaters. Sie liegt auf einem hohen, steilen Berg mitten in der Ebene. Bestimmt wird es dir dort gefallen!“
Und mir? dachte er. Wie wird es mir dort ergehen? Vater sagt immer, es ist besser, möglichst wenig mit den Reichen und Mächtigen zu tun zu haben. Und jetzt muß ich bei Orgetorix bleiben. Ach Vater, Vater! Du kommst doch bald und holst mich zu dir?
Sie erreichten den Fluß. Suchend sah Ilo sich um, bemerkte das Boot, das am Ufer festgebunden war.
„Das ist gut!“ rief die Kinderfrau. „Du fährst uns mit dem Boot über den Fluß, Ilo, und dann...“
„Leise!“ unterbrach Ilo sie und machte ihr ein Zeichen stehenzubleiben. Er selbst verharrte reglos, Ataro an der Hand. Flüsternd fuhr er fort: „Seht ihr den Angler dort, den großen Mann? Ihm wird das Boot gehören! Wir dürfen ihn jetzt nicht stören, er hat einen Fisch im Auge!“
Der Angler hatte sich auf dem Stein, auf dem er saß, aufmerksam nach vorn gebeugt und hielt seine kräftige Angelrute fest in beiden Händen. Plötzlich zuckte die

Rute. Ein riesiger Hecht hing am Haken, schoß aus dem Wasser, schlug wild um sich, tauchte wieder ein. Ilo hielt den Atem an. Einen solchen Hecht konnte man nicht angeln. Der Mann würde die Rute loslassen

müssen, oder er würde von dem Fisch in den Fluß gezogen. Doch der Mann hielt die Angel fest. Staunend verfolgte Ilo den langen Kampf zwischen dem Fisch und dem Mann. Er konnte es nicht fassen, als der Mann diesen Kampf gewann, den Fisch an Land zog und tötete. „Einen so großen Hecht habe ich in meinem ganzen Leben noch nie gesehen!“ rief Ilo.
Der Mann drehte sich um, sah ihn an und grinste. „In deinem ganzen Leben? So viele Hechte werden das wohl nicht gewesen sein!“
„O doch! Mein Vater ist Schiffer. Ich bin fast das ganze Jahr auf dem Fluß. Aber so ein Hecht – nicht zu fassen!“
Der Mann nickte zufrieden. „Ja, das ist ein ganz ordentlicher Kerl! Und du bist ein helles Bürschchen, daß du stehengeblieben bist! Ich hatte schon befürchtet, ihr würdet mir den Fisch vertreiben!“
Ilo sagte schnell: „Ich würde dich gern um etwas bitten. Das ist doch dein Boot da, oder? Wir müssen nämlich über den Fluß!“
„Wo wollt ihr denn hin?“
„Zu Orgetorix! Kennst du ihn?“
„Sicher!“ Der Mann betrachtete ihn belustigt. „Aber ihr wohl nicht!“

„Nein." Ilo zögerte, dann fragte er: „Wie ist er denn so, dieser Orgetorix?"
Der Mann lachte. „Wie er ist? So wie ich! Was willst du denn von diesem Orgetorix?" Der Mann stand auf, kam auf sie zu.
Wie groß er war, fast ein Riese! Und was für breite Schultern er hatte! Den Fisch hielt er, als wiege er nichts.
Ilo schluckte. Plötzlich durchzuckte es ihn heiß. Erschreckt starrte er den Mann an, stammelte: „Bist du... Verzeihung... seid Ihr, ich meine, seid Ihr es selbst?"
Der Mann lachte noch immer. „Fische erkennst du besser als einen Herrn, der sich wie ein Fischer gekleidet hat, was? Ja, ich bin Orgetorix. Also, was willst du von mir – außer daß ich euch über den Fluß bringe?"
Ilo wurde rot. Er machte eine ungeschickte Verbeugung. „Ich bitte um Verzeihung, Herr, daß ich... Wenn ich gewußt hätte..."
„Schon gut! Was führt euch zu mir?"
Die Kinderfrau drängte sich an Ilo vorbei und sank vor Orgetorix in die Knie. „Herr, meine Herrin Boniata und mein Herr Heuno schicken uns zu Euch. Wir sollen

das Kind zu Euch in Sicherheit bringen, den kleinen Ataro. Fremde Reiter aus dem Osten greifen die Burg meines Herrn an. Meine Herrin und mein Herr bitten Euch, jetzt schon die Erziehung ihres Sohnes zu übernehmen. Und auch uns aufzunehmen, mich, weil ich nämlich seine Kinderfrau bin, und Ilo, weil er uns den Weg geführt hat!"
„Fremde Reiter? Boniata und Heuno fürchten um die Sicherheit ihres Sohnes? Dann muß die Lage ernst sein. Ihr müßt mir alles berichten, jede Einzelheit! Aber erst einmal kommt mit mir! Dieser Kleine ist also der Sohn meiner Schwester. Sei mir willkommen, Ataro!"
Orgetorix bückte sich und streckte Ataro die Hand hin. Doch dieser drückte sich hinter Ilos Rücken und sah den großen Mann aus weit aufgerissenen Augen stumm an.
Orgetorix richtete sich wieder auf. „Der wird schon noch auftauen", murmelte er und sagte lauter zu Ilo: „Du hast Ataro den weiten Weg hierhergeführt? Wenn du auch sonst so geschickt bist, kann ich dich brauchen!"

5.

Ilo stand mit den beiden anderen Jungen an der Wand des Festsaales im Hallenhaus und schaute aufmerksam hin und her. Unter der Aufsicht der Herrin Admata hatten sie die neun Männer zu bedienen. Er, Ilo, bediente Orgetorix und dessen engste Freunde beim Gelage!

Soviel Reichtum und soviel Pracht! Den Festsaal von Heunos Burg hatte er nie betreten. Ob der auch so war wie dieser hier?

Die bunten Teppiche und mit Seide bestickten Stoffe an den Wänden, die Bronzespangen, die die Wandbehänge in Falten hielten, die Felle auf den Liegen, Beweise der Jagderfolge von Orgetorix: Bär und Wolf, Biber und Dachs, Hirsch und Auerochse. Die bronzenen Schalen und gewaltigen Trinkhörner. Die Liege von Orgetorix: überlang und ganz aus Bronze! Vor allem aber der riesige bronzene Kessel, auf dessen Rand die Figuren fremdartiger Raubkatzen Ilos Blick immer wieder auf sich zogen: ein Kessel voller Honigmet.

Ilo könnte mit den beiden anderen Jungen im Kessel baden und im Met untertauchen. Der Durst der Männer mochte noch so gewaltig sein – diesen Kessel würden sie in zehn Tagen nicht leeren können.
Orgetorix höchstpersönlich zerschnitt mit seinem großen Eisenmesser den gebratenen Eber, legte seinen Gästen die Fleischstücke vor. Eindrucksvoll sah er aus in seiner seidenen Jacke und der in Falten gelegten Hose, mit seinem wuchtigen goldenen Halsring und seinem Bronzedolch am Gürtel. Wäre Orgetorix beim Angeln so gekleidet gewesen, hätte er, Ilo, ihn gleich erkannt!
Nun streckte sich Orgetorix auf den Fellpolstern seiner Liege aus und nickte Ilo zu. Ilo nahm das eiserne Trinkhorn und trat damit an den Kessel. Admata, die Herrin, schöpfte mit der goldenen Schale Met in das Horn. Sie schöpfte und schöpfte. Ilo beobachtete sie scheu. Sie war so unglaublich prächtig, mit dem goldenen Kopfschmuck, dem feinen Kleid, den Halsketten aus unzähligen Bernsteinperlen. Als das Trinkhorn endlich gefüllt war, konnte Ilo es kaum noch mit beiden Händen halten. Vorsichtig trug er es zu Orgetorix und reichte es ihm. Dieser nahm es anscheinend mühelos in die Rechte.

Orgetorix wartete, bis seine Gäste mit kleineren, leichteren Trinkhörnern bedient waren, und trank ihnen zu. Die Musikanten spielten Flöte und Harfe, der Barde sang, die Männer aßen, tranken und redeten von der Jagd. Orgetorix erzählte vom Angeln. Je mehr sein Trinkhorn sich leerte, desto größer wurden die Fische, mit denen er prahlte. Die Gäste lachten und spornten ihn an, immer unglaublichere Geschichten zu erzählen. Ilo füllte Trinkhörner nach, reichte Brot, Fleischbrühe, Mus und gekochte Früchte. Bei Orgetorix schien das Leben ein einziges Fest zu sein, ein Fest von atemberaubendem Glanz und unerhörter Verschwendung. Fern und unwirklich schien der Gedanke, daß die fremden Reiter vielleicht gerade in diesem Augenblick irgendwo ein Dorf überfielen. Oder belagerten sie noch immer Heunos Burg?

Ilo preßte die Lippen zusammen. Bestimmt hatte sich sein Vater in Heunos Burg gerettet. Saß er nun darin fest und kam nicht heraus? Der Vater mußte doch längst wissen, daß er, Ilo, bei Orgetorix war! Wenn er könnte, hätte der Vater ihn hier schon längst weggeholt!

Die Tür ging auf. Ein Wächter trat ein, wechselte ein paar leise Worte mit Admata. Sie wandte sich an

Orgetorix: „Ein Händler ist in die Burg gekommen, der Neuigkeiten über die fremden Reiter berichtet. Willst du ihn hören?"
„Natürlich, sofort!" Orgetorix setzte sich auf.
Ilo faßte sich ans Herz. Mein Vater! dachte er. Das ist mein Vater!
Atemlos sah er zur Tür. Der Wächter öffnete sie – und ein Fremder trat herein. Ilo grub die Fingernägel in die Handballen.
Der fremde Händler verneigte sich tief. Orgetorix nickte knapp und forderte ihn auf: „Erzähl, was du Neues weißt!"
„Herr, die Feinde sind umgekehrt. Sie sind den Danuvius wieder hinabgeritten, mit Beute beladen. Ihr müßt mit keinem Überfall mehr rechnen!"
„Das ist eine gute Botschaft!" rief Orgetorix. „Dafür werde ich dich mit einem neuen Mantel belohnen!"
Admata hob die Arme und dankte den Göttern.
Orgetorix stimmte in ihr Gebet ein, doch dann fragte er den Händler: „Jetzt sag mir, was du über Heunos Burg weißt!"
Der Händler sah zu Boden, schwieg. Ilos Herz raste.
„Schlechte Neuigkeiten?" fragte Orgetorix beunruhigt.
„Rede, Mann! Heraus mit der Wahrheit, oder du hast

deinen Mantel wieder verloren, ehe du ihn erhalten hast!"
Der Händler sagte leise: „Herr, vergeltet es nicht mir, daß ich es bin, der Euch diese Nachricht bringt! Die Burg ist gefallen, Herr. Die Mauer zerstört, die Häuser geplündert und niedergebrannt."
Orgetorix sprang auf. „Und Boniata und Heuno?" schrie er.
„Boniata ist am Leben. Aber Heuno ist im Kampf gefallen", sagte der Händler stockend. „Die meisten Männer, die in der Burg waren, sind niedergemetzelt!"
Ilo hörte nicht mehr, was Orgetorix sagte. Ilo war erstarrt. Kalt und leer war es in ihm. Erst als einer der beiden anderen Jungen ihn in die Seite stieß und ihm zuflüsterte: „Schläfst du? Die Trinkhörner müssen nachgefüllt werden!", setzte er sich in Bewegung.
„Ich habe dieser fremdländischen Mauer nie getraut, die Heuno um seine Burg gebaut hat!" sagte Orgetorix, während er Ilo das gefüllte Horn abnahm.
„Lehmziegel! Was für ein Unsinn! Warum mußte Heuno unbedingt nachbauen lassen, was er auf seiner Reise weit im Süden gesehen hatte!
Hätte er die Mauer nach alter Sitte errichten lassen wie ich, aus Baumstämmen, Steinen und Erde, dann

wäre er jetzt vielleicht noch am Leben!"
„Herr, es lag nicht an der Mauer", sagte der Händler. „Die Mauer hat dem Ansturm der Reiter standgehalten!"
„Was war es dann?"
„Verrat, Herr! Es heißt, es war Verrat."
„Verrat!" schrie Orgetorix und packte den Händler am Kittel, hob ihn hoch und schüttelte ihn. „Von wem?"
„Herr, bitte, ich gebe Euch nur wieder, was ich gehört habe! Bitte!" keuchte der Händler.
Orgetorix ließ ihn los. „Nun?" stieß er hervor.
Der Händler griff sich an den Hals. „Von einem von Heunos eigenen Gefolgsleuten, sagt man. Reuso heißt er. Reuso hat den Feinden in einer Nacht das Tor geöffnet und ihnen die Burg zur Plünderung preisgegeben! Und er und seine Leute sind die einzigen Männer, die die Plünderung überlebt haben!"
Da drehte sich Ilo zur Wand und schlug die Hände vors Gesicht.

6.

Langsam trieb das Boot in der Strömung flußabwärts. Ilo stand mit der Stange im Bug und paßte auf, daß es nirgendwo anstieß. Orgetorix hielt die Angel ins Wasser. Der kleine Ataro spießte einen Regenwurm auf einen Angelhaken und hielt ihn Orgetorix hin. „Ist das gut so, Onkel?“
Orgetorix nickte: „Sehr gut! Du machst dich, Ataro! Morgen darfst du mit mir zur Jagd. Aber wer weiß, ob du das willst, denn morgen ist vielleicht schon deine Mutter bei uns! Ich habe ihr Krieger entgegengesandt, die sie sicher hierher geleiten sollen.“

Ataro sprang auf und umarmte Orgetorix stürmisch. Das Boot schwankte. Rasch mußte Ilo gegensteuern, um das Gleichgewicht wiederherzustellen. „Langsam!" lachte Orgetorix. „Willst du das Boot umkippen, Ataro?"
Ataro hat es gut! dachte Ilo mit plötzlicher Bitterkeit. Er weiß, daß er seine Mutter wiedersieht. Und er hat seinen Onkel, der so freundlich zu ihm ist, viel freundlicher, als es Ataros Vater wahrscheinlich jemals war! Und ich... Mein Vater...
Durch einen Tränenschleier schaute er zurück über das Wasser. Da bemerkte er in der Biegung des Flusses den Kahn, der sich ihnen näherte. Ein großer Kahn. Bewaffnete Männer saßen darinnen und eine Frau. Zwei Männer paddelten, ein dritter stakte mit der langen Stange. Ilo sah die gleichmäßigen, kraftvollen Bewegungen.
Nur ein geübter Schiffer konnte so mit der Stange umgehen. Ein Schiffer wie sein Vater.
Heftig stieß Ilo die Stange auf den Grund, wendete das Boot, trieb es vorwärts, so schnell er konnte, dem Kahn entgegen. „Mutter!" rief Ataro laut. „Mutter!" Ilos Stimme aber war nur ein tränenersticktes Flüstern: „Vater. Mein Vater."

7.

Auf der großen Wiese zwischen den Grabhügeln war der hohe Holzstoß für das Opferfeuer errichtet. Daneben standen die Vornehmen: Boniata und an ihrer Hand Ataro, um sie herum die Familien der Freunde und Gefolgsleute von Orgetorix. Auf der anderen Seite der Wiese, unter dem einfachen Volk, wartete Ilo neben seinem Vater auf den Beginn der großen Feier.
Es war gut, neben dem Vater zu stehen. Tief atmete Ilo ein und ganz langsam wieder aus. Der Vater sah ihn an und lächelte.
Den Weg von Orgetorix' Burg her traf der Festzug ein. Als erstes der blumengeschmückte vierrädrige Wagen von Admata. Zwei Knaben führten die beiden Pferde. Admata, Herrin und Priesterin, thronte auf einem mit Seidenstoffen behängten Stuhl auf dem Wagen. Ganz in Weiß war sie gekleidet und mit Gold geschmückt. Die goldene Opferschale trug sie in den erhobenen Händen. Dem Wagen folgten blumengeschmückte Kinder, Musikanten und der Stier. Zwei Männer führten ihn.

Und dann kam Orgetorix. Er stand auf seinem ganz und gar mit Eisen beschlagenen Wagen, die Zügel in der einen Hand, die eiserne Axt in der anderen. Hoch überragte er alle Anwesenden. Das bronzene Zaumzeug seiner beiden Pferde glänzte und funkelte. Ilos Herz klopfte.
Admata stieg vom Wagen und schritt furchtlos zu dem Stier. Sie sprach ein langes Gebet und dankte den

Göttern für die gnädige Hilfe. Laut pries sie die Güte der Götter, die die Feinde zur Umkehr bewogen hätten. Dann begann sie zu singen und besprengte den Stier mit Wein aus der Opferschale. Orgetorix trat an ihre Seite und hob die Axt.

Ilo schluckte. Die Opferung des Stieres – das wollte er nicht sehen. Er wandte den Kopf ab und verbarg sein Gesicht an der Schulter des Vaters.

8.

Vor Wochen war Ilo diesen Weg mit Ataro nach Norden gegangen. Nun ging er ihn mit dem Vater zurück nach Süden. Es war besser so, viel besser. Aber was würde sie erwarten?
Der Vater hatte doch seinen Kahn verloren, während er vor dem fremden Krieger geflohen war und sich im Auwald den ganzen Nachmittag und Abend vor den Feinden versteckt hatte! Der Vater hatte gesagt, der Kahn samt Händler sei verschwunden gewesen, als er zum Landesteg zurückgekehrt war. Und was der Vater sonst noch alles erzählt hatte! Wie die Feinde auf ihren Pferden schneller als der Vater Heunos Burg erreicht und sie bereits belagert hatten, als der Vater dort angekommen war. Und wie der Vater nicht mehr hineingekonnt hatte und sich im Schilf verborgen hatte, während die Burg niedergebrannt worden war. Und was für Angst der Vater um ihn, Ilo, gehabt hatte, weil er gedacht hatte, Ilo sei in der Burg! Und wie der Vater dann endlich, als alles vorbei gewesen war, von Boniata

erfahren hatte, wo Ilo war, und Boniata zu Orgetorix begleitet hatte.
„Vater, was machen wir, wenn du deinen Kahn nicht zurückbekommst?“ fragte Ilo.
Der Vater zuckte die Schultern. „Dann müssen wir für

einen anderen Schiffer arbeiten. Hungern werden wir nicht."

„Hätten wir nicht im Gebiet von Orgetorix bleiben können?"

„Nein. Auf dem Danuvius sind wir zu Hause. Dort finden wir immer unser Auskommen."

„Aber du hast doch gesagt, daß Reuso die Herrschaft an sich gerissen hat! Daß er Boniata vertrieben hat und daß er die Burg wieder aufbauen will und daß er dann der Herr der Burg sein wird und Zoll für die Schiffahrt verlangen. Und er ist doch ein böser Mann, er ist doch schuld an dem Verrat, und ich will nicht, daß er unser Herr ist!"

Der Vater seufzte: „Ach, Ilo! So groß wird der Unterschied zwischen Heuno und Reuso nicht sein. Heuno war ein harter Mann. Und Reuso hat all diesen Reichtum und diese Macht gesehen und mußte immer an zweiter Stelle stehen. Da ist er der Versuchung erlegen. Er hat sich mit den Feinden verbündet, um Heuno zu stürzen und sich selbst an seine Stelle zu setzen. Ob er schlechter ist, als Heuno es war, weiß ich nicht."

„Aber", brach es aus Ilo heraus, „aber all die Menschen, die dafür sterben mußten, das ist doch furchtbar!"

„Ja, das ist furchtbar. Ich wollte es auch nicht entschuldigen. Ich wollte es dir nur erklären."
„Orgetorix hätte so etwas nie getan! Orgetorix ist freundlich! Wenn du wüßtest, wie nett er zu Ataro ist! Orgetorix ist ein guter Herr!"
Der Vater sah ihn nachdenklich an. „Mag sein, daß er ein guter Herr ist", sagte er langsam. „Aber auch sein Reichtum ist mit dem Schweiß seiner Bauernfamilien erkauft und manchmal mit deren Tränen! Was er mit einem einzigen Fest verpraßt, ist mehr, als unsereins in seinem ganzen Leben erarbeiten kann! Du bist geblendet von seinem Glanz. Aber du vergißt den Schatten. Bestimmt hat auch Orgetorix schon junge Leute an die griechischen Händler in die Sklaverei verkauft, für ein Gefäß voll Wein oder ein kleines Stück Seidenstoff!"
Ilo sah den Vater stumm an. „Meinst du wirklich?" fragte er endlich zögernd.
Der Vater nickte. „Er ist eben ein Herr."
Schweigend gingen sie weiter.
„Vater", sagte Ilo schließlich leise.
„Ja?"
Ilo schob seine Hand in die des Vaters und sagte: „Dann bin ich froh, daß du kein Herr bist!"

Was ist Wirklichkeit an Ilos Geschichte?

Die Geschichte von Ilo war eine Reise in die Vergangenheit, rund 2500 Jahre zurück, ins 6. Jahrhundert vor Christus. Was stimmt nun in Wirklichkeit an dieser Geschichte? Wer das wissen will, muß in Gedanken eine andere Reise mitmachen, eine Reise nach Südwestdeutschland, an die Donau und den Neckar. Denn die Donau ist der „Danuvius", und nahe dem Neckar stand die Burg von Orgetorix.
Beginnen wir unsere Gedankenreise in der Nähe von Riedlingen. Auf dem Höhenzug oberhalb der Donau sehen wir einen tiefen Graben und hohe Erdwälle. Sie trennen einen ins Donautal vorspringenden Bergsporn von der Hochfläche ab. „Heuneburg" ist auf einem Schild zu lesen. Dieser Burgname ist eine heutige Bezeichnung und nicht der Name aus Ilos Zeit: Den kennen wir nämlich nicht, genausowenig wie den Namen des damaligen Burgherrn. Ich habe den Namen „Heuno" erfunden, und zwar so, daß er zu der Burg paßt. Denn die Burg gab es wirklich, auch wenn wir

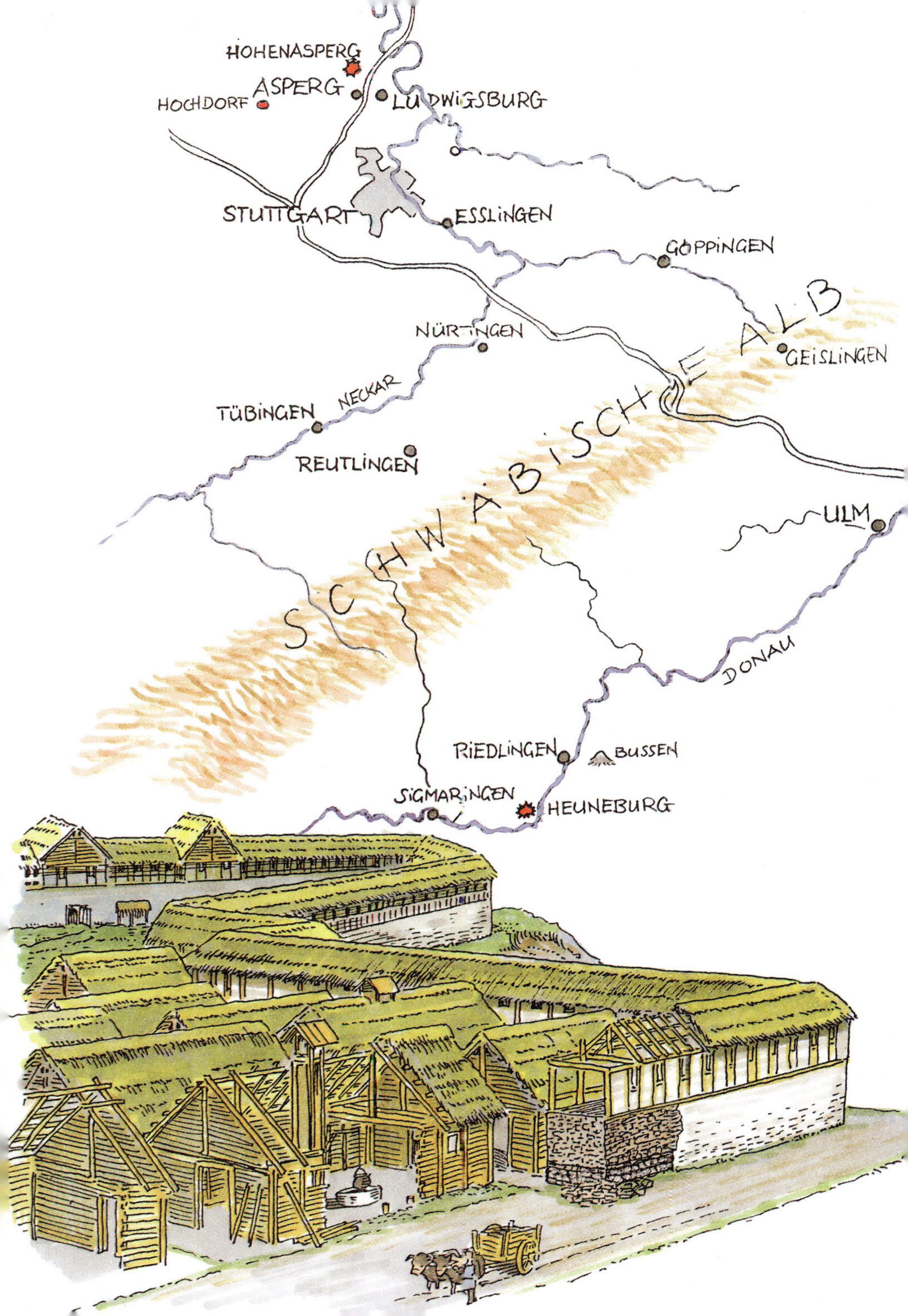

HOHENASPERG
ASPERG
HOCHDORF
LUDWIGSBURG
STUTTGART
ESSLINGEN
GÖPPINGEN
NÜRTINGEN
GEISLINGEN
NECKAR
TÜBINGEN
REUTLINGEN
SCHWÄBISCHE ALB
ULM
DONAU
RIEDLINGEN
BUSSEN
SIGMARINGEN
HEUNEBURG

heute von ihr nur noch den Graben und zugewachsene Wälle erkennen können.
Sie sah nicht wie Burgen heute aus, sondern eher wie eine kleine befestigte Stadt. Ihre Häuser waren aus Holz und Lehm gebaut, mit Schilf oder Stroh gedeckt und sind längst vergangen. Aber Archäologen – das sind Fachleute, die sich mit der Vorzeit beschäftigen – haben auf dem Bergsporn nach Spuren der Vergangenheit gegraben. Sie haben vieles gefunden, was der Erdboden über die Jahrtausende aufbewahrt hat: Grundrisse von Häusern und Reste von gewaltigen Befestigungsmauern, Scherben von Tongeschirr, zerbrochene Geräte aus Eisen und Bronze, verlorengegangene Schmuckstücke und vieles andere.
Zwei Arten von Scherben waren besonders auffällig. Die einen stammten von Tonschalen, wie sie nur in Griechenland in der Nähe von Athen hergestellt wurden. Die anderen sind Bruchstücke von Weingefäßen aus dem heutigen Südfrankreich. Denken wir daran, daß es vor zweieinhalbtausend Jahren noch keine Straßen gab wie heute und schon gar keine Lastkraftwagen oder Güterzüge. Handelswaren mußten gefahrvoll und mühevoll auf dem Rücken von Menschen oder Tieren oder auf kleinen Schiffen

transportiert werden. Nun ahnen wir, wie wertvoll damals Geschirr aus Griechenland und Wein aus Südfrankreich hier an der oberen Donau gewesen sein müssen. Woher solcher Reichtum auf diesem Berg? Gehen wir zur Spitze des Bergsporns und sehen hinunter zur Donau, die dicht am Fuß des Berges vorbeifließt! Dann können wir uns die Antwort denken. Wer hier eine Burg hatte und über Leute befehlen konnte, die für ihn aufpaßten, der konnte jeden daran hindern, auf der Donau entlangzufahren. Das heißt: Er konnte von jedem Schiffer und jedem Händler Zoll dafür verlangen, daß er ihn vorbeiließ. Auch von Ilos Vater und dem Händler, den dieser fuhr. Der Burgherr wurde durch den Handel reich, ohne die Gefahren und Mühen der langen Handelsfahrten. So reich und mächtig wurde er, daß man ihn und andere ähnlich Reiche seiner Zeit heute „Fürsten" nennt. Da die Menschen südlich der deutschen Mittelgebirge und in den angrenzenden Gebieten damals „Kelten" hießen, nennt man solche reichen Männer auch „Keltenfürsten".

Die Kelten trieben also Handel über weite Entfernungen. Und die „Fürsten" bekamen von Handelspartnern aus den Städten am Mittelmeer

großzügige Geschenke. Denn Geschenke erhalten ja bekanntlich die Freundschaft, und die Freundschaft der Keltenfürsten war den Händlern und deren Fürsten offensichtlich sehr viel wert.
Aus dem Handel wird also vor allem der Reichtum in der „Heuneburg" gestammt haben, und das über Jahrhunderte. In dieser Zeit wurden die Häuser in der Burg und die Mauer um sie herum mehrmals erneuert. Meist war die Mauer wie bei den Keltenfürsten üblich aus Baumstämmen, Erde, Gesteinsschutt und Steinen errichtet. Doch einmal, zu Ilos Zeit, am Beginn des 6. Jahrhunderts, wurde eine andere Mauer gebaut: eine Mauer aus luftgetrockneten Lehmziegeln nach dem Vorbild der griechischen Städte des Mittelmeerraumes. Solche Mauern scheinen den Burgherrn auf einer weiten Reise so beeindruckt zu haben, daß er sie daheim nachbauen ließ. Über das Schicksal seiner Burg erzählen uns die Spuren im Boden: Die Lehmziegelmauer wurde gewaltsam zerstört, die Häuser der Burg niedergebrannt. Ein Krieg muß damals geführt worden sein, in dem die Burg erobert wurde. Vielleicht waren die Belagerer Skythen, ein Reitervolk aus dem Osten. Vielleicht waren sie aber auch Nachbarn oder Untergebene des

Burgbesitzers, die neidisch auf seinen Reichtum waren oder seine Herrschaft unerträglich fanden. Vielleicht war es auch von beidem etwas wie in Ilos Geschichte: Heunos Gefolgsmann Reuso, der den fremden Reitern das Burgtor öffnete. Was genau damals geschehen ist, wissen wir nicht. Aber etwas in der Art muß es gewesen sein.

Nach dieser Zerstörung wurde die Burg von neuen Besitzern wieder errichtet. Doch unter den „Neuen" erreichte sie nicht mehr den alten Glanz und Reichtum. Die große Siedlung, die zu Ilos Zeit vor den Toren der Burg gelegen hatte und vernichtet worden war, wurde nie wieder aufgebaut. Vielleicht waren ja die meisten Menschen in dem Krieg ums Leben gekommen. Ein Glück also für Ilo, daß er mit dem kleinen Ataro zu Orgetorix geflohen war.

Wenn wir heute mit dem Auto Ilos Weg nach Nordwesten folgen, so brauchen wir nur wenige Stunden und nicht eine Woche wie Ilo. Dann sind wir am Neckar nördlich von Stuttgart, bei Ludwigsburg. Wie ein Klotz erhebt sich hier ein eindrucksvoller Berg aus der leicht gewellten Ebene: der Hohenasperg. Vor zweieinhalb Jahrtausenden trug er eine große Burg, von der heute nichts mehr zu sehen ist: die Burg von

Orgetorix. Nein, auch den Namen dieses Mannes kennen wir nicht, den habe ich ihm gegeben. Und doch wissen wir viel über ihn. Wir wissen, daß er seinen Zeitgenossen als wahrer Riese erschienen sein muß. Mit kräftigem Knochenbau und 1,87 m Körpergröße war er für damalige Zeit außergewöhnlich groß und stark. Wir wissen, daß er gerne zur Jagd ging und daß Angeln sein besonderes Hobby war. Wir wissen, daß er ungeheuer reich war. Wir wissen, daß er ein großzügiger und protziger Gastgeber war und wohl am liebsten mit acht Gästen gemeinsam feierte – und daß sein Durst auf alkoholische Getränke unglaublich gewesen sein muß.

Woher wir das wissen? Die Archäologen haben etwa 10 km vom Hohenasperg entfernt, in Hochdorf, sein Grab gefunden. Dieses Grab war ungewöhnlich gut erhalten und ist berühmt geworden als das Grab des „Keltenfürsten von Hochdorf“.

Nun war das Grab eines Keltenfürsten nicht einfach ein Grab, wie wir es heute kennen. Nein, es war ein Denkmal, an dem viele Menschen hart arbeiten mußten. Ein kleines bißchen wie die Pyramiden in Ägypten hat man es von weitem sehen können. So hat es jedem vor Augen geführt, wie mächtig und

bedeutend der Tote gewesen war. Wie es einmal von außen ausgesehen hat, zeigt das Bild oben.
Im Inneren des Grabhügels lag die große Grabkammer aus Eichenstämmen, die mit einer dicken Schicht schwerer Steine umgeben war. Diese Steine sollten zum Schutz vor Grabräubern dienen, und das war auch nötig. Denn die Menschen damals gaben dem Toten seinen persönlichen Besitz mit ins Grab. Sie glaubten, daß ihn der Tote für sein Weiterleben nach dem Tod brauchen würde. Und ein Keltenfürst „brauchte“ offensichtlich eine ganze Menge.

HUT AUS
BIRKENRINDE
9 TRINKHÖRNER,
EINES DAVON AUS
EISEN
MIT EISEN
BESCHLAGENER
WAGEN
4,50 m LÄNGE
9 SPEISETELLER
UND 3 SCHÜSSELN AUS
BRONZE

GRABKAMMER
AUS EICHENBALKEN
KÖCHER
MIT 14 PFEILEN
GOLDSCHALE
KELTENFÜRST,
AUFGEBAHRT AUF DER
BRONZELIEGE
BRONZE-
KESSEL,
DER 500 LITER
FASST
DOPPELJOCH UND ZAUM-
ZEUG FÜR
2 PFERDE

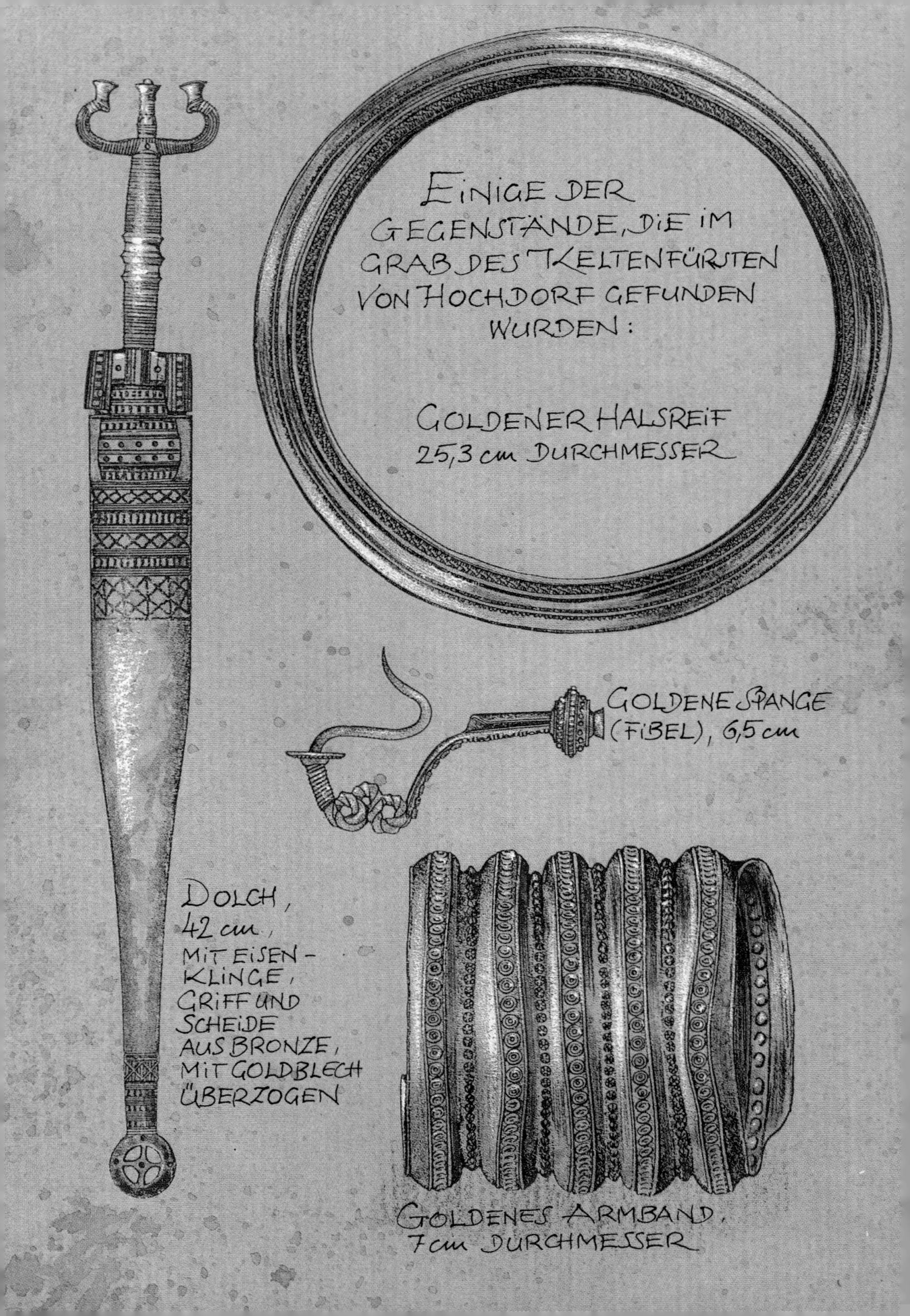
EINIGE DER GEGENSTÄNDE, DIE IM GRAB DES KELTENFÜRSTEN VON HOCHDORF GEFUNDEN WURDEN:
GOLDENER HALSREIF
25,3 cm DURCHMESSER
GOLDENE SPANGE
(FIBEL), 6,5 cm
DOLCH,
42 cm,
MIT EISENKLINGE,
GRIFF UND SCHEIDE AUS BRONZE, MIT GOLDBLECH ÜBERZOGEN
GOLDENES ARMBAND,
7 cm DURCHMESSER

BRONZENE PFEILSPITZE, 7,6cm

EISENER ANGELHAKEN, 5cm

BRONZELÖWE 33,8cm VOM KESSELRAND

GOLDENE SCHALE, 13,4cm DURCHMESSER

EISERNES TRINKHORN MIT GOLDBÄNDERN UND BRONZEHENKEL, DAS 5,5 LITER GETRÄNK FASST

Wer die Bilder genau anschaut, der wird viele Gegenstände aus der Erzählung über das Gastmahl des Orgetorix wiedererkennen. Das alles ist also nicht erfunden, sondern hat bestanden, ebenso wie der eisenbeschlagene Wagen, mit dem Orgetorix zum Opferfest fuhr.
Orgetorix und Heuno waren nicht die einzigen reichen Fürsten ihrer Zeit. Die Archäologen haben noch viele andere Grabhügel von Keltenfürsten entdeckt, die teilweise sogar noch reicher gewesen sein müssen. Diese reichen Grabhügel liegen in Baden-Württemberg, in der Schweiz und in Ostfrankreich.
Auch die Gräber keltischer Fürstinnen sind genauso aufwendig. Admata, die Frau von Orgetorix aus Ilos Geschichte, trägt zwar einen erfundenen Namen, aber keinen erfundenen Schmuck. Sechs Haarnadeln mit großen goldenen Köpfen und neun goldene Ringchen haben einst im Haar oder in der Kopfbedeckung einer Fürstin gesteckt, deren Grabhügel ebenfalls in der Nähe des Hohenasperg lag. Bestimmt sah die Fürstin damit aus, als trage sie eine Krone, und ihr übriger Schmuck war genauso prunkvoll. Sicher hatte die Fürstin hohes Ansehen und entsprechende Aufgaben.
Der größte Bronzekessel, der überhaupt je gefunden

wurde, stammt aus dem Grabhügel einer Keltenfürstin aus Frankreich, der „Dame von Vix". Mehr als 1000 Liter Getränk paßten in diesen Kessel. Seine Besitzerin muß also eine große Gastgeberin gewesen sein. Oder vielleicht auch eine Priesterin, die diesen Kessel bei einer Opferfeier benötigte. So ist es denn gut möglich, daß auch Admata zugleich Fürstin und Priesterin war. Genau wissen wir das allerdings nicht.

Der Name „Kelten" ist nun schon mehrmals gefallen. Orgetorix und Admata, Ilo und sein Vater, Heuno mit seiner Familie und all die anderen Personen der Geschichte waren Kelten. Wer zuvor das Wort „Kelten" noch nie gehört hat, dem sagt wahrscheinlich das Wort „Gallier" um so mehr. Denn welches Kind kennt ihn nicht – Asterix den Gallier! Nun ist aber „Gallier" nichts anderes als der Name, den die Römer den Kelten gegeben haben. Asterix ist also ein Kelte. Allerdings ist Asterix eine erfundene Comicfigur vom Ende der Keltenzeit. Orgetorix aber ist ein keltischer Fürst, der am Beginn der Keltenzeit wirklich gelebt hat. Aus seinem Grab wissen wir, daß es in seiner Burg sehr viel prächtiger und vornehmer zugegangen ist als bei Asterix oder Majestix im Dorf. Nur seinen wahren Namen kennen wir nicht.

Es gibt nämlich keine Schriftstücke aus der Zeit der Keltenfürsten, in denen über die frühen Kelten etwas aufgeschrieben ist. Die Kelten selbst haben ihre Geschichte nicht aufgezeichnet. Erst nach Ilos Zeit haben griechische und noch später auch römische Autoren in ihren Berichten von den Kelten erzählt. Dort findet man dann auch den Hinweis auf einen damals üblichen Tauschhandel: Wein zu bezahlen, indem man Menschen als Sklaven in die Länder des Mittelmeerraumes verkaufte.
Alles aber, was wir über die frühen Kelten wissen, haben die Archäologen aus Gräbern und Resten von Siedlungen herausgefunden. Dabei haben sie viel mehr über die Reichen in Erfahrung bringen können als über die einfachen Leute, die Ärmeren und Armen. Nur über die Reichen, eben die „Fürsten", erzählen uns die Gräber. Nur sie wurden in großen Grabhügeln beerdigt. Nur von ihren Besitztümern hat sich mehr als billige Tonscherben im Boden erhalten: Gegenstände aus Metall und Glas. An diesen Gegenständen können wir das hohe technische Können und den Schönheitssinn frühkeltischer Handwerker bewundern: der keltischen Eisenschmiede und Bronzeschmiede, der Töpfer und Wagenmacher und anderer Handwerker.

Nie aber werden wir erfahren, wie viele mehr oder weniger arme Leute wohl ihr Leben lang schuften mußten, um den Reichtum zu erarbeiten, der diesen Einzelnen mit ins Grab gegeben wurde. Nichts erfahren wir aus den Gräbern über die einfachen Leute, die Bauern mit ihren Familien, die Knechte und Mägde, die Schiffer und Lastenträger wie Ilo und seinen Vater. Sie haben den größten Teil der Bevölkerung ausgemacht, aber sie alle waren zu arm, um mit unvergänglichem Besitz beerdigt zu werden. Sie besaßen keine Schmuckstücke aus Metall – nicht einmal aus Eisen, geschweige denn aus Bronze oder gar aus Gold. Wenn sie ihre Fürstin oder ihren Fürsten in ihrem Schmuck und ihren kunstvoll gewebten oder sogar seidenen Gewändern gesehen haben, wird ihnen vor Staunen fast der Atem gestockt haben. Seide muß damals einen ungeheuren Wert dargestellt haben. Auch Gold war unvergleichlich kostbarer als heutzutage. Vielleicht hat aber auch mancher nicht voller Bewunderung auf diesen Reichtum geschaut, sondern voller Bitterkeit oder Haß. Vielleicht – wir wissen es nicht.

Sicher aber haben die einfachen Leute schwer gearbeitet und nach unseren heutigen Begriffen ein bescheidenes und hartes Leben geführt. Einen Löffel Honig zu essen wird für sie etwas ganz Besonderes gewesen sein. In dem großen Bronzekessel im Grab des Keltenfürsten von Hochdorf aber fand man noch den eingetrockneten Rest von beinahe 100 kg oder sogar 300 kg Honig, mit dem der Honigmet für sein Festgelage angesetzt war. Was für ein Unterschied!

Wer weiß – möglicherweise haben eines Tages die Armen zu den Waffen gegriffen und sich gegen die Reichen und Mächtigen erhoben. Es gibt einige Hinweise auf einen solchen Vorgang. Mehr als 100 Jahre nach Ilos Zeit verfielen überall in Süddeutschland die frühkeltischen Burgen. Es wurden keine prächtigen Grabhügel mehr errichtet. Die Zeit der Keltenfürsten war vorbei. In den Gräbern keltischer Männer spielten plötzlich Waffen eine große Rolle. Ein neuer Kunststil breitete sich aus, ein neuer Geist wird für uns aus dieser neuen Kunst spürbar. Die großen Wanderungen keltischer Volksstämme begannen. Die Kelten gelangten bis nach England, Schottland, Irland, Frankreich, Spanien, Italien, auf den Balkan und bis nach Kleinasien. Doch das wäre schon wieder eine andere Geschichte.

Kehren wir noch einmal zur Geschichte von Ilo zurück.

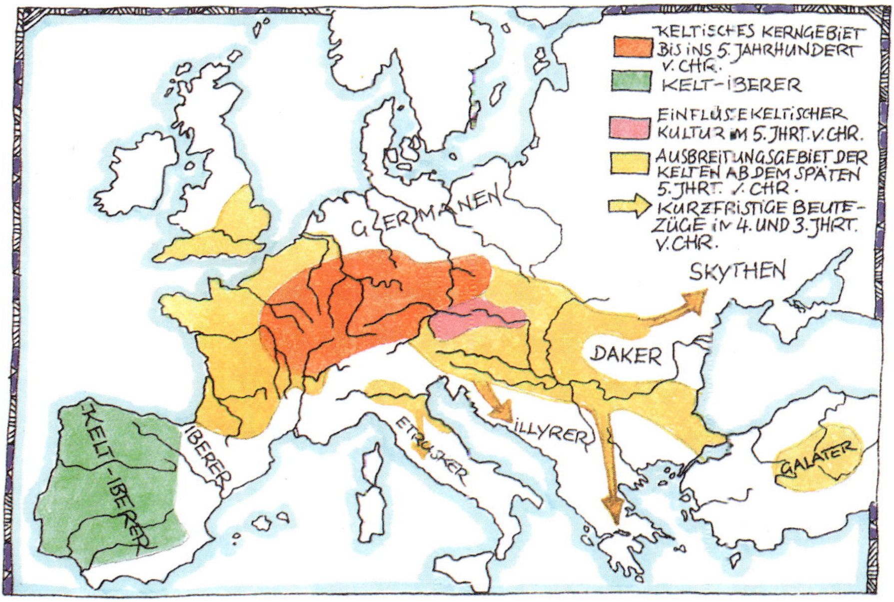

Nun ist klar: Es ist eine erfundene Geschichte, aber doch nicht frei erfunden. Nach dem, was wir über die damalige Zeit wissen, könnte sie sich so zugetragen haben. Ein Junge wie Ilo könnte gelebt haben, und er könnte ähnliches erlebt haben. Was ich über das Leben der frühen Kelten erzählt habe, über die Keltenfürsten wie die einfachen Leute, stimmt mit dem überein, was die Archäologen herausgefunden haben.

ERDE · WASSER FEUER · LUFT

Nicht die umfassende Wissensvermittlung steht im Vordergrund dieser Sachbuch-Reihe für Kinder zwischen acht und zehn, sondern eine lebendige Darstellung spannender Themen.

Gabriele Beyerlein
Gabriele Beyerlein erzählt vom Gletschermann

Gabriele Beyerlein
Gabriele Beyerlein erzählt von den Keltenfürsten

Gabriele Beyerlein
Gabriele Beyerlein erzählt vom Mittelalter

Gabriele Beyerlein
Gabriele Beyerlein erzählt von den Steinzeitjägern

Kirsten Boie
Kirsten Boie erzählt vom Angsthaben

Rainer Brand
Rainer Brand erzählt von der Eisenbahn

Rainer Brand
Rainer Brand erzählt von der Entdeckung Amerikas

Werner Färber
Werner Färber erzählt vom Ballonfahren

Herbert Günther
Herbert Günther erzählt, wie ein Fernsehfilm entsteht

Herbert Günther
Herbert Günther erzählt von Großvaters Kindheit

Monika Hartig
Monika Hartig erzählt vom Träumen

Horner und Gorman
Horner und Gorman erzählen von den Dinosauriern

Gerd Küveler
Gerd Küveler erzählt vom Sonnensystem

Angelika Kutsch
Angelika Kutsch erzählt vom Büchermachen

Margret Rettich
Margret Rettich erzählt von den Katzen

Tilman Röhrig
Tilman Röhrig erzählt vom Ausbruch des Vesuv

Elisabeth Rotenberg
Elisabeth Rotenberg erzählt von Pferden und Ponys

Sigrid Zeevaert
Sigrid Zeevaert erzählt von den Walen

Die Oetinger Kindersachbuch-Reihe